잊혀진 기억들

이 도서의 국립중앙도서관 출판예정도서목록(CIP)은 서지정보유통지원시스템 홈페이지(http://seoji.nl.go.kr)와 국가자료공동목록시스템(http://www.nl.go.kr/kolisnet)에서 이용하실 수 있습니다. (CIP제어번호 : CIP2017005729)

잊혀진 기억들

초판 1쇄 발행 2017년 3월 27일

지은이 이원문 **펴낸이** 임정일
책임 임병천 **편집** 김지해, 김수경 **디자인** 이동헌

펴낸곳 책나무출판사
출판신고 2004년 4월 22일(제318-00034)

주소 서울시 영등포구 신길3동 325-70 3F
전화 02-338-1228 **팩스** 0505-866-8254
홈페이지 www.booktree.info

ISBN 978-89-6339-512-8 03810

이원문
제32집

잊혀진 기억들

이원문 지음

책나무

| 차례 |

제1부

제2부

제3부

제4부

제1부

섬 집 엄마

우리 엄마는

나를 업을 띠로

허리를 매어

문고리에 매달고

물때 맞추어

굴 따러 갔다

나뭇가지의 봄

봄은 봄인데
아닌 것도 같고
내린 눈 녹아도
날씨는 겨울이다

끝자락의 겨울
봄 부르는 소리
눈 오고 비 내리고
나온 움 어떻게 하나

나뭇가지 애처로워
지나는 새 날아들고
불어온 봄바람
봄소식 알려준다

삼월 달력

우리나라의 미래를 짚어봅니다
피눈물의 국경일을 휴일로만 즐거운 나라
애국심은 그만두더라도 고통의 고통 속에
이 나라를 지켜온 조상들을 생각해 보셨습니까
4대 국경일 중 개천절 하나 빼놓고
어느 나라에 의해 생긴 국경일입니까
그래도 그 나라가 아직도 얕보는 줄 모르고
희희낙락 웃으며 집안싸움만 하는 나라
우리 한번 역사를 되돌아봅시다

봄비의 고향

추운 것도 아니고
따뜻함도 아니고
하늘에 구름 가득
온종일 우울하다
찌푸린 날씨처럼
마음도 흐림일까
누구와 사연 놓고
이야기 하고 싶고
내리는 비 맞으며
거리를 걷고 싶다
그러면 누가 나를
부르기라도 할까
쓸쓸한 나의 마음
봄비에 젖고 싶다

아가의 섬

기억으로 남은 바다

철썩이는 그 파도 소리

지금도 들린다

오막살이 문밖 나서면

노을에 어리는

내 놀던 모래 뭍까지

진달래의 일기

나 어릴 적에

저 앞산을 바라보노라면

진달래꽃으로 붉게

물들어있었는데

지금은 그 진달래꽃이

다 어디로 갔는지

커다란 나무와

숲만 우거져있고

오르내린 샛길도

찾을 수 없다

한아름 꺾어

우물 둥치에 꽂아놓고

몇 날 며칠 두고 보았던 기억도

아련히 떠오르고

봄바람 소리

불어오는 봄바람
그 바람 소리를 누가 들을까
한 맺힌 바람 소리 오늘도 들린다
봄바람은 언제나 바닥을 훑는 법
뜨락으로 낮게 불어 부엌문 열어놓고
마루에 먼지 뿌려 디딘 자국 남긴다

보리밭 옆 솔밭 빌어
소나무에 부는 바람
그 바람 소리 절망을 안겨주고
오그라진 낙엽 몰아세우니
긁히는 그 소리 뼈마디에 스며든다
나뭇가지 스치는 소리 과거로 데려가고

굴뚝 뒤로 부는 바람 언제 멎을까
가난한 집 아이들 서러움에 울고
문틈으로 스며드니 할머니 한 맺힌다
앞 냇가 지나 언덕으로 부는 바람
덧없이 흘러가는 세월의 눈물인가
봄 처녀 그리움 바구니에 담긴다

멍든 역사

부끄럽습니다
얼굴이 뜨겁습니다

위안부를 일본 놈만 데려갔나
차별 모집하여 바친 사람이 누구입니까

문화재를 일본 놈만 알고 빼앗아갔나
가르쳐주고 가져다준 사람이 누구입니까

강제 징용으로 끌려가는 조선인
누가 끌려가도록 보조해 주었습니까

문제 있는 우리 민족 때만 되면 애국자
그 근성 버리고 우리도 반성합시다

엄마의 찔레꽃

배고플 때 찾았던
하얀 찔레꽃
개울 따라 오르면
바람에 날리고
찾아간 찔레꽃
나를 반겨주었다

밥풀떼기 하얀 꽃
엄마의 찔레꽃
개울물에 젖은 옷
눈물에 다시 젖고
까마귀 우는 줄 모르고
엄마의 꽃 찾았다

버드나무의 고향

찾아간 고향
노을은 옛 노을
그대로인데
굽어 흐른 냇가는
그 냇가가 아니었다
놀던 바위 버드나무
다 어디 갔는지
물도 옛 물이 아니었고

굽었던 저 귀퉁이에
고기가 많았었나
놀던 바위 아래는
미나리 밭이었는데
버드나무 미나리도
다 떠나버리고
곱게 피던 찔레꽃도
추억 따라 가버렸다

배고픈 고무신

띄워놓은 고무신
언제 떠나려나
한 줌의 모래에
떠날 줄 모르고
무엇인가 아쉬운 듯
물살을 기다린다

떠나면 징검다리에서
만날 수 있을까
찔레꽃 떨어지면
만날 수 있을까
허기의 기다림에
해 기울어 간다

한마디의 말

돌아보면 짧은 시간들
세월은 고무줄 되어
늘어났다 줄어들고
기억의 크고 작은 소리만
조용히 들려온다

바랜 영상에 숨은 소리들
누구의 소리가
먼저 들릴까
이 봄날 서운한 소리
미움에 담는다

주막집의 봄

장에 가다 들리고
갔다 오다 들리고
한잔 술에 일 년 띄워
목을 축인다

소 팔러 가는 사람
새끼 돼지 사 오는 사람
궤짝에 돼지 아우성치고
소 판 사람 괴춤에
돈다발 묶여있다

주막 아주머니의 꾸짖음
이 한평생 머슴살이
누구의 집을 찾아갈까
선 새경 찾는 머슴 눈물이 난다

꽃 이야기

저마다 예쁜 꽃
예쁘지 않은 꽃이
어디에 있을까
관심을 가져주면
더 예쁜 꽃

관심을 보이면
보인다 수줍고
안 보이면 안 보인다
가져주기 바람의 꽃
그러다 시들면 어떻게 하나

개나리 딱총

우리 집 울 밑은
개나리가 조금인데
기와집 할머니네는
숲으로 우거졌다

여기를 쓸어안을까
저곳으로 가볼까
볼수록 노랗고
안을수록 탐이 난다

나 어릴 적 쓸어안던
할머니네 개나리꽃
장닭 때린다 쪼려 맞서고
묵은 가지 꺾어 딱총을 만들었다

결혼하는 날

예식장 나오며
내딛는 발걸음
무엇을 생각하며
디딘 발은 보았는지

마음도 시간도
디딘 발의 것이니
듣고 본다 하여
함부로 잡지 말고

잡은 것이 있다면
거짓 손에 묻기보다
보고 들은 것도
발에게 물어야 한다

외로운 시인

눈에 들어온 것이
어찌 내 것이 될까
내 것이 되었어도
그것이 내 것인가요
들리는 소리에
흔들리는 마음
날마다 마음은
종이처럼 얇아지고
보고 들은 곳에 그릇이 놓여져요

놓인 그 그릇에
아무것도 없었을까요
넘치면 즐겁고
못 채워 괴로운 마음
이대로 떠나면
어디로 가야 하나요
길거리에 돋아난
방초만도 못한 인생
한 백 년에 눈 멀어 꿈으로 살고

그 욕심 한 백년을 채울 것처럼
버리지 못하고 이렇게 살았어요

이날저날 빼고 나면 며칠이 된다고요
이 세상 모두를 다 담아도
욕심의 백 년을 못 채우고
그 그릇도 버려야 하는 인생
사람 말고 다른 것도
욕심이 있던가요
다 소용없는 꿈속이 아닐는지요

이제 이 인생 언덕에 오른 몸
걸머진 짐 내려놓고 손 털고 앉으니
아우성 소리 멀어지고
담을 것이 없어요
남은 것도 남길 것도 없고요
속은 세월 버리고 홀로 가는 인생
놓인 그릇에 무엇이 담길까요
닳아 없어질 이 연필 한 자루
종이는 가다 주우면 되니까요

개울길 따라

바람은 아직 추운 듯하면서
두꺼운 옷 벗기며 가슴에 스며든다
시간도 모르고 계절을 잃는 삶
삶은 오늘도 하루를 가둬놓고
시곗바늘에 올려 그 시간을 찾는다
어쩌다 튕겨 나온 오늘 이 시간
봄 찾아 바람 따라 개울길 들어서니
어느 한 양지에 개나리꽃 피어있고
건너편 길모퉁이 버들가지 물 올린다
바로 발밑에 돋아나는 새싹들인가
고인 물 가운데 물고기 떼 짓는데
이 내 삶은 계절도 없다
삶의 바깥 철따라 오는 봄
오늘 지나면 몇 번을 더 볼 것인가
다시 거슬러 둘러보며 오는 길
마음껏 봄바람 가슴 깊이 마시련다

외로운 마부

새벽을 열며 일터로 가는 길
집집마다 어둠에 고요히 잠들고
골목길 가로등 지나는 이 밝혀준다
무슨 생각 어떤 낙으로 직장 문 두드릴까
온종일 말과 함께 싸우고 달래는 일
조련 훈련 끝내고 말밥 주고 나면
사람도 지쳐 식사와 함께 휴식을 취한다

아침 일 점심 일 저녁 일 무렵
처녀 총각 말밥 달라 끙끙대고
어느 놈은 짝지어 달라 못된 짓을 한다
말도 봄이면 사람과 같은 마음일까
사랑 찾는 말 두고 퇴근길에 들어서면
해 기울고 바람불어 몸 마음 쓸쓸하고
목련 개나리꽃 이 뒷모습 바라본다

초가집의 봄

비 내린 한나절에 돋아나는 새싹들
그 어느 곳인들 돋아나지 않을까
뜨락 돌 틈 마당 끝 우물 둥치 토담 밑
앞산 진달래 곱게 피어나고
나뭇가지의 움 햇살을 기다린다

멀리 띠 두른 울 밑의 개나리
복숭아 살구꽃 그리움에 지쳤나
비구름 산 넘고 조각구름 흐르니
양지 녘 햇살 민들레꽃 깨우고
불어오는 봄바람 보리밭을 지난다

제2부

법당의 봄

누가 찾을 법당인가

천년의 세월에는

밤과 낮이 있는데

들리는 풍경 소리는

밤과 낮이 없구나

진달래의 순정

네 꽃이 피던 날

너는 예뻤어도

나는 누더기였지

그래도 너무 예뻤기에

쓸어안았고

곱디고운 너의 꽃

기억의 너의 꽃

예쁜 네 꽃 못 잊겠어

미운 내 모습에

아직 그날이 부끄럽기에

목련의 꿈

추운 겨울 앙상한 가지로 떨고 있던 날
누가 나를 찾아보는 이 있었나요

조그마한 봉우리 적 곁눈으로 훔쳐보는 이
봉우리 터질 무렵 밤잠은 주무셨는지요

이제 활짝 핀 나의 모습에
얼마를 머물다 가시렵니까

이 꽃잎 멍들어 땅에 떨어지는 날
나의 꿈 모두 접으시고 바라보지 마세요

보릿고개 아이들

아이들아
이제 그만 집에 들어가거라
산자락 그림자 들녘에 깔린다
해 저물어 저녁 바람 불어오고
저 그림자 지워지면 더 추울 것이니
어서들 들어가거라

저기에 있는 너는
집에 들어가 등잔불 켜고
화로의 된장 식기 전에 밥부터 퍼
우는 동생 달래어 쌀밥 떼어 넣어주고
너는 그 보리밥으로 저녁 이름 짓고
그래도 죽보다 밥이 나을 것이니

이제 며칠 후 앞산 자락 뻐꾸기 울면
너희들도 함께 따라 울어야 한단다
산에 올라 무릇 캐어 쪄서 울려놓고
양지 녘 풋보리도 베어 털어 야하고
그러면 곧 뜸북새가 울 것이다
너희의 가슴에 남을 뜸북새 울음이……

망아지의 일기

뛸 권리가 있다 하여
함부로 뛰지 마라
남의 농사 다 망치고
다 뜯어 먹는 망아지들
그 농사짓기 얼마나 힘들었나

어느 집에 팔려가든
그 버릇 버려라
네 몸의 진드기는 싫어하면서
남의 농사 망치는 것은
어찌 괜찮다는 말이냐

팔려가 씌운 굴레
스스로 벗지 마라
그 버릇 다시 나와
남의 농사 다 망친다
스스로 그 굴레 쓸 줄 알아라

이름 없는 밤

밤을 찾아야 하는 것이 이슬 인가요

풀 잎새에 맺혀야 하는 것도 이슬이고요

지난날 스쳐 가는 홀로의 밤

그날 없는 그리움이 오늘도 찾아요

앵두꽃

네 꽃 떨어지던 날

네 꽃잎에 꿈 묻고

유월을 기다렸다

쪼개접

참 묘하다
씨를 잘 심어야 한다는 교훈인가
제씨 심어 제 것이 안 나오고
심은 제씨에 어찌 남의 것이 나오나
아니면 왜 남의 것을 닮나
감나무의 두 얼굴 무엇으로 가릴까
제씨 심어 나온 것이 고욤나무이고
나무도 열매도 비스무리 고욤이다
속고 속아 못 믿어 붙인 쪼개접
흙의 거짓인가 씨앗의 속임인가
쪼개어 넣고 동여매니 제 것이 되고
씨받이가 아닌 씨 몸이 된 고욤나무
평생을 속이며 감나무로 살 것인가

섬마을

저 멀리 보일 듯
복숭아 살구꽃
누구의 고향이
저 섬이었나

노란 점박이는
개나리꽃 같고
집 뒤의 바위는
갈매기 쉬는 곳인데

싸리문 앞 모래 뭍은
어느 아이가 놀았는지
놀았다면 그 자리에
두꺼비집이 있을 것인데

눈칫밥

눈칫밥 드셔 보셨나요
그런 눈칫밥 말고
서러움의 눈칫밥이요
얻어먹는 것도 죄인지라
미안한 양심의 회초리에
앉은자리는 가시가 돋고
떳떳이 못 해 손 떨리니
든 숟갈 흔들려 뜬 음식 흘리고
떨어뜨린 수저 하나에 더 미안하지요
인생 공부는 먹는 것에서도 배우는데
배고픈 사람에게 밥을 주려면
따로 차려 아무도 없는 곳에서 먹도록
혼자만의 공간을 만들어 주는 것이
차려준 밥만큼이나 중요하지 않을까요

그 벚꽃

그 무렵 고향의 벚꽃
무슨 생각에 개울 따라 오르나
아직은 추워 발 빠질까 조심스럽고
디딘 돌 기우뚱 끝내 발 빠졌다
양말 쥐어짜 돌 위에 얹고
고무신 엎어 놓으니 언제 마를 양말인가
따뜻한 양지 녘 그래도 춥다
나도 모를 마음에 새 소리 들려오고
바라보는 앞산 뒷산 벚꽃이 한창이다
저 산등 기슭에 하얀 벚꽃
이쪽으로는 붉은 벚꽃이 군데군데 점 박혔는데
해마다 보는 벚꽃이라도
그날따라 가슴 깊이 더 많이 피어났다
허기에 보는 벚꽃은 가슴 깊이 피는 것인가
몇십 년이 지나도 그대로 피어 있다
핀 그 벚꽃 보다 더 기억에 남는 나무의 벚
보리타작 무렵 보아둔 그 산기슭에 오르면
기억의 그 벚이 주전자 가득 채워준다

친정 엄마의 봄

우리 엄마 지금 무얼 하고 계실까
서울로 시집 잘 보냈다는 우리 엄마
첫해 되던 봄 집에 갔을 때
울 밑 개나리 텃밭 아래 복숭아 살구꽃이
그렇게 예쁘게 피었었는데
지금도 그렇게 피고 있는지

장터 길 언덕 돌아섰을 때
배웅 나온 엄마와 보던
민들레 제비꽃도 예쁘게 피어 있고
이제 그 세월만큼이나
한두 해 거르다 보니
친정도 멀어지고 엄마의 모습도
주름으로 가득 찬 모습이었지

시집살이에 이 몸도 아이가 생겨
친정도 마음대로 가보지 못하고
엄마의 마음만 읽겠는데
나 길러 시집보내느라
얼마나 고생했나
부끄럽다 엄마의 나물 보따리 들기 싫어
투정하며 도망 다닌 나를

추우나 더우나 나 하나에
밤낮이 없던 우리 엄마
접힌 돈 주머니에 넣어 주고
늦으면 늦는다
정거장까지 마중 나오던 우리 엄마
그러는 나는 지금 무엇을 하고 있나
서울로 시집 잘 보냈다는 엄마의 딸 내가

정년퇴직의 봄

누가 이 마음을 헤아려줄까
가족도 모를 이 마음을
입사할 때 가을이었던
엊그제 같은 이 직장
바람에 빗방울까지
낙엽 우수수 떨어지던 날
쓸쓸히 들어온 이 직장

하 ~ 어느덧 정년이라니
이 한 곳에서 청춘이
다 흘러갔다는 말인가
때로는 힘들어 쉬고 싶었고
월급이 비교되어
다른 직장으로 옮기고도 싶었는데

처자식이 떠올라
그러지도 못하고
그렇게 저렇게 흘러온 세월이
흰머리 돋아나는 오늘이란 말인가
둥지 틀기까지의 몇십 년이……

직장 일에 얽매였던 그 날들

나의 시간은 쪼개지 못했어도
한 장의 달력에 월급 쪼개어야 했던 날
이제 그마저도 잃어야 한다는 말인가

자유 찾고 싶었던 날
구속받기 싫었던 날
때로는 싫어도 두 얼굴을
보여주어야 했던 날
이 힘든 날들이
어찌 일만 힘들었겠는가

달력을 하루로 채워 온 세월
그 하루는 시계가 어떻게 채워 주었나
이제 오늘 나가면 자유인 것인가
그다음은 무엇을 찾아야 하고
식목일 이 직장에 심어놓은 나무처럼
이 인생도 다시 심어야 하는 것인지
오늘 떠나면 직장 화단의 꽃처럼
퇴직의 인생도 철 따라 꽃이 필 것인지……

흘러간 옛 노래

꽃 이름의 봄노래

낙엽의 가을 노래

추억 찾아 여름 노래

불효의 겨울 노래

가슴 깊이 스며드는

시절의 애환인가

못 잊어 떠오르는

추억의 눈물인가

세월에 밀려난

그날의 옛이야기

그 노래 부르며

회상에 젖는다

봄의 찬가

생명의 소리 들리는 듯
만물이 소생하니
산새 소리
즐겁구나

큰 꽃 작은 꽃
모인 꽃 흩어진 꽃
음지의 꽃 더 맑게
예쁘게 피어나고

산 넘는 구름
보리밭 내려보니

아이 어른 노랫소리

들녘에 메아리친다

벚꽃길

하얀 벚꽃길
홀로 걷는 벚꽃길
올려보면 벚꽃 하늘
내려보면 벚꽃 터널
짝지어 걷는 이
어디까지 가나

혼자 걷기 부끄러워
고개 숙여 걷는 길
어쩌다 마주치면
더 부끄러워지고
뒷모습 바라보니
외로움이 앞선다

산골 소년의 고독

흐르는 구름 보며
하늘을 보았다
둘러본 산 피고 지는
꽃도 보았고
춤추는 버드나무
냇가의 물소리도
귀에 담아 들었다

들리는 새소리
뜸북새 울음으로
세상을 읽었고
낙엽 떨어지던 날
구르는 낙엽 보며
순리를 깨달았다

겨울날 부엉이 울음에
밤이 길다는 것을 알았고
그 바람 소리에
문풍지 울음으로
세월이 빠르다는 것을
허기로 느낄 수 있었다

찔레나무

저 언덕 보리
오늘 더 크려나
가까이 보면 손마디 길이 되고
멀리 바라보면 무릎길이 되는 듯
그 고개 언제 넘나 기다려진다

아직 높기 먼 보리밭
개울 따라 오르니
찔레 넝쿨 우거져 있고
있던 자리 지켜주며
꽃도 예쁘게 피어있다

보는 것보다 먼저 핀
늘 보아오던 찔레꽃
외로울 때 홀로 찾았고
배고파도 홀로
이 자리를 찾았다

뒤집으며 헤집던 찔레 넝쿨 숲
꽃 떨어지기를 얼마나 기다렸나
찔레꽃 떨어지던 날
하늘 보며 울었던 아픈 기억들

지금도 꽃 떨어지면 그 찔레순 자라겠지

회상의 봄

꽃피고 새우니 봄은 봄인데
인생의 봄은 다시는 못 오는 것인가
돌아보면 짧기만 한 세월
그 많은 시간 다 어디로 흘러갔나

한낮 돋아나 다음을 기다리는
방초만도 못한 인생
지는 꽃 바라보며
무엇을 생각했나

길 것만 같은 짧은 앞날
지는 해에 몇 번을 재어보고
재어보며 귀에 담아
눈에 넣은 것이 무엇이었나

세월 가면 그렇게 다 흐려지는 것
돌아본 날의 기억을 디딘 발은 알고 있나
산 넘는 구름 다시 올 것 같은 마음
흐르는 강물 보며 무엇을 느꼈나

파의 일기

어떻게 촉수에

꽃이 피었나

늘 신기했던

텃밭의 파

힘들여 불면

풍선이 되고

물고에 묻으면

송사리 떼

춤을 추었다

제3부

앵두꽃의 일기

우물 둥치 앵두꽃
담 넘어 라일락
누가 더 예쁜가
서로가 마주 본다

예쁘기는 다 같이
하얀 꽃으로 예쁜 꽃
그다음 무엇으로
어떻게 자랑할까

라일락 너는
머슴 총각 울리지만
앵두꽃 나는
아이들 울린다

흙

구름 속 하늘에는
아무것도 없는데
구름 밖 흙에는
무엇이 그리 많은지

해 없는 밤하늘
수많은 별처럼
뜬 해에 보이는 것이
다 무엇인가

찾아왔다 가버리고
생겼다 없어지고
그렇게 오고 가며
묻히는 모든 것이

막차

잡아주지 못한 미련
못 떠나는 아쉬움
그 시간이 우리를
얼마나 아꼈나
가는 곳 모두
사진에 넣어
눈맞춤 맹세까지
담아준 시간들

그 못 잊을 기억
어떻게 다 읽나
무엇으로 어떻게
어디에 숨기나
차라리 돌아서
눈물로 씻을까
막차를 못 오게
이 자리를 떠날까

보리밭의 밤

초여름 밤하늘
둥근달 떠오르니
으스사니 바람 불어
보리 잎 새 비벼진다

들리는 그 소리
누가 들을까
이슬 마른 보리밭
누가 찾을까

물고 보는 밤 머슴
보리 눕혀 누우니
달 속 가득 외로움
가슴에 젖어 든다

봄날

일그러진 이 꽃잎
이 꽃은 누구의 꽃인가요
이 밤이 새도록
이렇게 피어난
이 작은 꽃이라도
이슬이 앉았어요

이 일그러진 꽃잎에
이슬이 마르는 날
이 꽃 찾는 이
이 자리를 찾을까요
이 꽃 예쁘지 않아도
이웃 꽃과 같은 꽃이에요

이제 이 꽃잎 떨어지면
이 멍든 자국도 지워질 것이고
이름 모르게 피었어도
이 세상의 꽃으로 피었다라고
이름 짓고 싶어요
일그러진 이 작은 꽃으로요

산마루

힘없이 오른 산
새소리 새롭다
한눈에 보이는
위아래 마을
산자락 보리밭
바람에 나부끼고

논갈이 밭갈이는
누구의 집 들녘인가
누렁이 소 쉴 참에
풀 뜯고 있다

저 넓은 들녘
어디에도 없는 들
우리 들녘은 언제 있을 것인가
소나무 꺾어 솔깃 입에 넣으니
한차례의 바람
송홧가루 날린다

단원고의 슬픔

세월에 묻혀버린

단원고 꿈나무여

세월호에 갇혀버린

단원 고 꽃들이여

운동장 노을은

어제와 같은데

오늘의 웃음소리는

어찌 없단 말입니까

교실 안서 들리는 듯

조용한 운동장

진도 뱃길 추억이

그리도 짧단 말입니까

이름도 웃음도

그렇게 갇혀야

한단 말입니까

하늘의 별처럼

눈빛 영롱 꿈나무여

진도 밤하늘의

별이 되소서

단원고의 꽃이 되어

영원히 피소서

이름도 웃음도

휩쓸린 꽃들이여 !

2014.4.17 (단원고 사고에 즈음하여)

보리 패던 날

저 아카시아꽃
언제 피려나
보리밭 지나는 길
팬 보리 볕 쬔다

길고 짧게 팬 보리
그 언덕이 이것인가
까칠한 수염에
이삭마다 탐스럽고

음지 보리 떼어 보니
아직 흰 물 나오는데
양지의 보리는 어느덧 깨진다
길고 긴 보릿고개 더 넘어야 하나

떨어진 꽃잎

너는 너의 꽃을 피우기 위해
삼백쉰다섯 날을 꿈꾸어 왔고
나는 너의 꽃 기다림에
오늘을 찾았다
열흘을 다 못 채운 너의 꽃
너는 네 꽃을 보여주려
며칠을 몽우리로 감춰 놓았나

오늘을 위해 피어난 너의 꽃
조바심에 보내야 했던 그 많은 시간들
피었어도 비바람에 시달려야 했고
끝내 멍들어지고 마는 너의 꽃
바람결에 앉은 그곳
그곳이 흙에 묻혀야 할
마지막 이름의 네 꽃이란다

진도의 파도

물어본들 무엇하고

들어 본들 무엇 하나

누구의 책임도

이웃의 잘못도

물속에 잠기고

흙 속에 묻힐 것을……

라일락의 일기

담 넘어 내려보는
하얀 라일락
오늘 지나는 이
누가 나를 올려볼까

한 번 올려보는 이
그 자리에 머무는 이
저만치 지나다
되돌아보는 이

나의 향 못 잊어
그 자리에 머무나
지나치기 아쉬워
한 번 더 돌아보나

아침저녁 향 내음
짙게 깔리고
예쁜 꽃 수줍어
꽃송이 감춘다

두꺼비의 일기

두껍아
네 여름날
앞마당으로
기어 올 때
맑은 날은
비 온다 했고
비 오면 맑다했지

맹꽁이 울음에
빗속을 걸어온 너
나는 네 모습에
눈 못 떼고 있었지
그때 그 맹꽁이 울음
어찌나 처량한지
눈 더 못 떼었어

그리고 너는
댑싸리 밑으로 가버리고
나는 뗀 눈으로
너를 바라보았지
지금도 눈길이 자꾸만 가
네가 어디 숨었는지 안 보여도

두껍아 두껍아 다시 찾아오렴

안산의 하늘

하늘은 맑은데
흐린 것 같고
피는 꽃 시들하니
힘이 없다

숨죽인 나뭇잎
무슨 소리 들으려나
나오던 잎 멈춰서
바람 소리 듣는다

온 국민의 얼굴마다
뜨거운 눈시울
이천 십 사년 사월 십육
단원고의 슬픔인가

메아리에 들리는
꿈나무의 울음소리
진도 앞 멀리
파도에 묻힌다

두꺼비의 노을

두껍아
너는 아직
여름이 멀었지만
나는 이 봄부터
너를 기다리고 있어
너의 집도 꽃 꽃아
예쁘게 지어 놓고

모래집 흙집으로
갯벌 앞 뜨락 아래에
여기저기 많이 지어 놓았어
뜯어진 바짓가랑이에
흙 들어가는 줄 모르고
다섯 손가락 모아
예쁘게 지었어

두껍아 봄날에 오면
안 되는 거야
나 지금도 손톱에 흙 때
못 씻고 있어
네 집 하나 더 지으려고
너를 기다리며……

진도의 달

세월호 아침은
진도 앞을 지나고
오는 파도 가는 파도
세월호에 안긴다

몇백 리 뱃길인가
바다 가른 세월호
따라 오는 갈매기
어디로 가자하나

새벽달 지워진
은빛 물결 아침 바다
그의 꿈 추억도
달 따라 지워진다

어느 기다림

애야 살아와다오
연줄에 매달린
실 가닥의 모정
처음은 굵었는데
이제 가늘어지는 것인지
그것도 끊어질까
들리는 소리마다
가슴 철렁 내려앉고
뱃머리도 어제처럼
보이지 않는구나

너 얻어 좋은 날이
며칠이나 있었니
그래도 희망은
뱃머리에 있었는데
그마저 가라앉아
그 자리를 잃는구나
차오르는 물 보며
이 에미를 몇 번 불렀니
네 목소리 감긴 연줄
아직 끊어지지 않겠지

사월의 꽃

삼월 마지막 날 기다린 사월
산 한번 둘러보고
하늘 한번 올려보고
양지 찾아 꽃 피었나
자세히 들여다보고
어느새 찾아온 봄
냉이 꽃부터 시작되더니
그다음 민들레꽃
이름 모를 방초 꽃
울타리의 개나리
밤사이 피더니
아침나절 진달래꽃
봉우리 터트린다
사나흘 전 길거리에 벚꽃 피더니
어느새 둘러본 산 진달래 지고
산 벚꽃 여기저기 수놓고 있다
그사이 시샘하듯
조팝나무 라일락 담 넘어서 내려보고
골목길 어느 집은 영산홍이 웃는다
이제 남은 등나무꽃 언제 피려나
그러면 며칠 새에 아카시아꽃 피겠지
개울가 찔레꽃 슬며시 필 것이고

사월과 오월 사이 피고 지는 꽃
모두는 아카시아꽃이
흩날리며 덮을 것이고
세월은 송홧가루가
장독대까지 덮겠지

사월의 오후

보리밭 지나

논으로 가는 길

이 논에 들어가면

언제 삽을 씻어 메나

봇물에 손발 씻고

삽 씻어 둘러메니

아침 길 보리밭

바람에 눕는다

삶의 노을

누구의 하루
어떻게 시작될까
시간을 알고 하루를 보내는지
아니면 모르고 밤낮 보며 보내는지
그것도 아니면 계절보고 보내는지
시간은 길고 짧지도 않은데
사람마다 시간 보며
어찌 그리 길고 짧다 할까

무엇을 보며
길고 짧다 했나
문안의 시간인가
문밖의 시간인가
손에 든 거울이
하나였나 둘이었나
어둠이 덮어도 지나가는 시간
그 시간의 흔적은 어디에 있나

여운의 들길

셀 수 없어 더듬어 보는 날
무렵으로 짚어 보면
이맘때인 것 같은데
그때는 들꽃들이
다 그냥 그렇게
피는 줄 알았지

어느 날인가
꽃을 알았던 날
둘러보니 모두가
아름다웠고
지금은 못 잊을
추억의 꽃이 되었지

그중 못 잊을
한 송이 꽃이 있다면
들길에서 스친
긴 머리의 작은 송이
아직 여운 되어
그 길을 걷는지

제4부

안산 합동 분향소

분향소를 찾은 2014.4.27

궂은비 맞으며 분향소를 찾았다

젖은 옷 젖은 눈 뜨거운 눈시울

그 많은 조문객 누가 울렸나

이어진 줄 끝은 어디가 끝인가

찾은 이 다녀간 이

다 함께 슬픈 마음

단원고 찾아가니 교문 굳게 닫혔었다

농촌의 사월

밭에는 자갈 더미
논에는 흙더미
곡식 대신 나무 심고
중간마다 창고였다

논길에 도로 내어
마차 대신 차 다니고
논 밭갈이 바쁘던 들
소도 없고 사람도 없다

논병아리 뜸북새
다시 못 올 땅인가
아니면 그 새소리
다시 들을 땅인가

산 깎아 집 지으니
동산 없어졌고
썩은 물 내리니
맑은 물이 없어졌다

노란 손짓

분향소 밖 나와
흘린 눈물 훔치니
나 아닌 이웃도
함께 훔쳤다

멎을 줄 모르는
분향소 앞바람
누구의 글을
저리 흔들어대나

다가가 펴보니
희망의 글 기다림의 글
소원의 글 우정의 글
마지막 펴본 글은 뉘우침이었다

하늘

깨끗한 나

세상이

더럽혔고

세상보다 더

더럽힌 것은

믿은 이웃

유리벽이었다

클래식의 밤

나 아직
잠든 것 아니겠지요
감은 눈도 아니고요
누구의 기다림도 아니에요

몸 뒤집어 마음 읽고
다시 돌려 누우니
알 수 없는 후회가
조용히 찾아요

그렇다고 좌절도 아니고
절망도 아니에요
교향곡 어서 가자
회상에서 부르고요

어제도 아니고
내일도 아닌 마음
고요한 밤 나 이대로
잠들고 싶어요

약속의 오월

친구야 약속의 오월
잊지 않았겠지
날짜는 기억이 안 나
아카시아꽃 훑어
입에 넣었던 날

팬 보리 아직 파래
그 고개 넘기는 이르고
돌다리 건너며
너와 내가 나눈 이야기들
그 이야기 다는 기억에 없어

그러나 남은 몇 마디는 기억에 있지
저물녘 집에 들어가
그만 혼나자는 이야기
인제 그만 배고프자는 이야기
그리고 마지막 무어라 했지

어디에 가더라도
우리 오늘을 기억하자는 이야기
귀에 꼭 담아둔 잊지 말자는 이야기
친구야 그 후 나 이렇게 살았어

너는 어떻게 살고 있는지

근로자의 날

사장님 죄송합니다

근로자도 반성합시다

동료직원 이용하고
동료직원 괴롭히고
동료직원 내보내고
직위직책으로 밟고
차별하여 감독하고
책임 미루어 빠지고
동료 공적 가로채고
외국인이 보는 모습
나라 망신 부끄럽다

고향의 오월

보리 이삭 탐스레
샛길로 지나는 길
곁 도랑 옹기종기
소금쟁이 별 쬐고
징검다리 개울
송홧가루 띠 두른다

춤추는 저 버드나무 춤
언제 멈출까
개울가에 바람불어
노란 띠 두르고
잔잔한 물결
송홧가루 모은다

오월의 산

아무런 생각 없이
조용히 오르는 산
구불구불 이리저리
이 길이 그 옛길인가
나뭇가지 젖히고
삭정이 비켜놓고
거칠기도 거친 산
생각 없이 오른다

돌부리에 채이며
큰 돌 비켜 돌아가고
디디면 미끄러져
헛걸음도 생겨나니
넘어질까 짚은 손
흙 때 묻고 벗겨진다
긁히고 찔리고
헤쳐 가며 오르는 산

이 곱지 못한 길만큼이나
이 인생도 그렇지 않았나
누가 다녀간 이 없는
지게 지고 오르던 산

두 갈래 길 이 길인가
더듬으면 아니고
그때 뜯던 산나물
그날을 알려 준다

기억의 그리움

클로버 꽃 뜯어
팔찌 엮는 마음
꽃반지 곱게 엮어
없는 모습 떠올린다
누구에게 채워주고
어느 손에 끼워줄까

클로버에 누워
하늘 바라보니
파란 하늘 흰 구름
그리움 떠올리고
먼 산 갈참나무
바람에 눕는다

고향의 메아리

아이들 노랫소리
들녘에 퍼지면
소 뜯기던 아이
큰소리쳐 부르고

어미 소 찾는
졸음 오는 송아지
쟁기 끄는 어미 소
젖 달라 부른다

누구네 엄마일까
한 손에 주전자
머리에 참 이고
업힌 아이 흘러내려
칭얼대는 소리

해 기울까
늦었을까
따라오는 큰 아이
뒤 못 보는 엄마 따라
같이 가자 울어댄다

구름 속의 꿈

저 구름 속 오두막집
어떻게 하나
지은 집 뜨락 아래
꽃 심었는데

바다가 그려지면
소라껍데기 모으고
강가 따라 오르며
조약돌 모아

구름 산 넘어
노을을 부르면
모은 돌 소라껍데기에
누구의 이름을 써 넣을까

암자의 그늘

어느 보살의 천 년인가
누구의 열반인가
방 안 법당 촛불 밝혀
향불로 씻어 내니
풍경이 없어도
세상의 소리 들려오고
새소리로 모으니
그 하루가 천 년이다

저 큰 산 작은 산에
양지만 있었겠나
찢어진 문살에
스쳐간 햇빛
모두를 비춰도
천 년의 빛이고
스쳐 간 햇빛도
그 천 년의 빛이다

뒷마루의 그림자

이 세상 나온 것 중
사람밖에 더 있겠나
자손 낳아 길러보니
그것도 아니더라

에미 품 안 너희들
어떻게 했니
그것이 대견하여
가슴에 못 박히고

백발에 바라본 산
설기도 서럽다
백발에 시집은
안 되는 것인가

청춘에 긴 시집
엊그제의 꿈인데
빠진 이에 남은 시간
서러움이 모두였나

대청마루 제비집
어미 품 안 새끼들

저것들이 쳐나가면

어미 한번 찾을 건가

어머니의 산

저 높고 낮은 산
몇 번의 꽃이 피었었나
쌓인 눈 녹기가 몇 번이었고
백발에 보는 산 멧갓만 보이고
산 넘는 구름 그 밑을 내려본다
저 산 오르내리며 보따리에 묶은 세월
묶여진 보따리에 무엇이 들었었나
산으로 들로 시간 뜯어 묶은 세월
보따리 이고 신작로에 들어서면
마중 나온 사람 없고 갈 길만 멀다
아이들이라도 나왔으면
보따리 하나 들려 줄 것인데
사람은 없고 어둠만 가깝다
늦은 저녁 허겁지겁 부엌에 들어가니
운김은 없고 냉기만 가득 하다
보리 꽁뎅이 저녁밥 아이들 투정 소리
어미 가슴에 또 한 번 못 박는 것인가
보따리 풀어헤쳐 마루에 펼치니
운김에 시들시들 뜯은 나물 뜰까 걱정된다
이것은 고사리 저것은 취나물 삽취 굴 싸리
뜯은 나물 나눠놓고 뜯다 캔
마 잔대 더덕 내려오며 메싹 뒤져

메까지 몇 가닥 캐 넣었다
군것질 대신 먹여야 할 뿌리들
막내 놈은 밥솥 귀퉁이에 메 얹어 쪄 주었고
잃은 놈은 그것도 못 먹고 가버렸다

낮에 우는 소쩍새

올려본 하늘
중천의 해 기울고
산자락 그림자
아직은 멀다

이 발만큼이나
긴긴 시간
저 산자락 그림자에
언제 덮일 것인가

호미 끝에 찍힌 사랑
보리밭 바라보고
앞산 기슭 소쩍새
동산의 달 기다린다

찔레꽃 언덕

찔레꽃 너의 꽃
너의 이름 찔레꽃
이 언덕 너의 꽃
너무 예뻐요

보는 이 없어
쓸쓸히 핀 너의 꽃
사연이 무엇인지
알고 싶고요

홀로 피어 외롭고
기다림에 지쳐도
참아야 했던 너의 꽃
너무 예뻐요

오월 하늘

아카시아꽃 떨어지던 날
앞산에 뻐꾸기가 찾아 왔고
통보리 깨어지던 날
찔레꽃이 피었다

못 잊을 오월 하늘
인생을 가르쳤고
삶을 알려 주었다
허기에 눈물도 배웠고

팽목항의 노을

애야 엄마 왔어
네 젖은 옷 갈아입으라고
그 아끼던 옷 가지고 왔어
바람불어 추웠지
얼른 배에서 나와
바람 더 불기 전에

이제 엄마가
성난 파도 가라앉히고
잔잔한 물결로 바꿔 놓았으니
빨리 나와 오늘 저녁에는 성난 파도에
바람도 많이 불어온다 하던데
빨리 나와 어서
엄마가 이렇게 기다리고 있잖아

그리고 뭐 사 달라했지
이번 달 월급으로 그것부터 사 주고
너 하고 싶은 것 하라할게
엄마가 그동안 잘못했어 잘못했어
엄마 여기서 기다리고 있잖아
빨리 나와 어서어서 빨리……

뜨락의 오월

보내서 나왔는지
불러서 나왔는지
때맞춤의 방초들
돌 틈새 비집는다

길고 짧은 잎새의
기다리는 시간들
잎새에 오른 개미
무엇을 기다리나

작은 바람 큰바람
스치고 스친 뜨락
흔들리는 풀 잎새
그 세월을 읽는다